시집
가다

저자 소개

몽연 김양선

 경주金 가문의 父親, 상오(尙五)와 母親, 공채봉의 2남 4녀 중 막내로 모친의 친정인 울산에서 출생. 부산 바닷바람과 유년시절을 함께 보내고, 광안 대교로 창문을 둔 채 붓으로 화선지를 적시며 스승이셨던 월정 정주상 선생님의 제자로서 삼사십대를 지내다.
 이후 상경하여서는 불교도, 서예도 그 어느 것에도 뿌리내리지 않은 채 덧없는 시간을 보내다.
 고희를 앞 둔 봄날, 주저함 없이 불교에 들어섰으며 그 희열과 감동을 글로써 적다.
 그 글들을 모아 시집을 엮다.

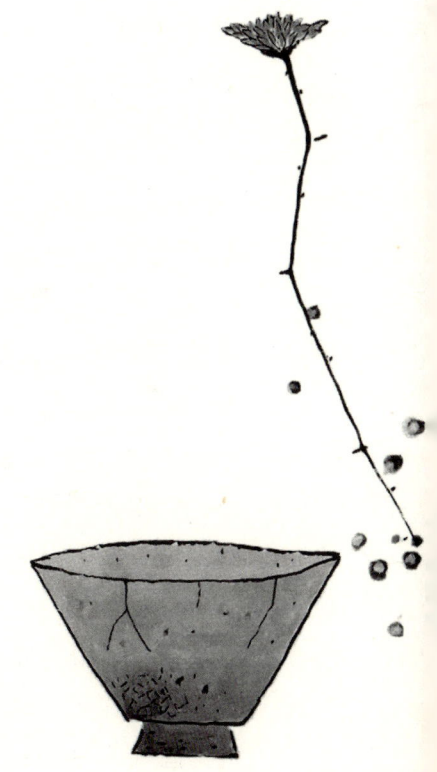

〈도움 주신 분들〉

기획 재천
그림 소석
시평 최재목

책을 펴며

사람이 자신을 표현하는 방법은 목소리로, 몸짓으로, 손으로, 악기를 통해 또는 저장된 뇌의 기억으로……

시란 암송한 것이 전부인 줄 안 유년시절… 이제사 되돌아보니 질주하듯 삶의 바퀴가 세월이란 자국을 남겨버렸는데 그 속에 아무 흔적도 없음이 아쉬웠다.

그래! 순간순간 멈추는 모든 것에 대한 소중함을 서투르고 모자라지만 나의 눈높이만큼 낱말로 묶어 보자.
깨끗한 향기만 있다면…….

인간은 혼자 필 수 없는 일년초인 듯… 토양을 주시는 분, 물을 적당히 주시는 분, 비바람을 막아 주시는 분, 씨앗이 뿌리내리기까지 힘 주신 분들께 지면으로 감사 인사 드리며 불교에 기쁜 마음으로 다가갈 수 있게 한 재천스님과 스님의 도반, 그리고 자암스님 지성스님, 꽃보다 아름다우신 세 분께 연꽃 한 송이 올립니다.

　버선발로 까치발 하며 첫발 디딘 초심이 더 공부하고 성숙해진 모습으로 만나지기를 희망하며.

夢蓮

또 하나의 인연

그 어떤 약속한 적 없고
뜻한 바 없이
그대 살포시 내 옆에 앉으셨네
상처로 찢긴 가슴 날갯죽지마저도.

되돌아갈 수 없는 낭떠러지 끝
그대 빨리 일어서세요
당신의 그 끝은 고통의 종지부를 찍고
새로운 시작의 전환점입니다
새롭게 날개 펼 때
지난 것들을 고이접어 사용하면?
여기까지 오신 당신께
큰 박수를 보냅니다
환영합니다
당신의 아픔까지도…

시집가다

우주가 지구를 품었고
지구는 자연과 인간을 품었다
나는 엄마의 씨 밭에서
날개 없는 꿈을 품었다
이제사 바래진 조각 천으로
색동저고리 만들고
낱말로 매듭 엮어 고름하고
버선발로 시집 문턱을 넘고 갑니다
희망의 단비가 옷깃을 적셔도
시집가는 날 웃고 싶어요

비워진 마음 하나로

예쁘게 시집갑니다

가계부에

포도송이 같은 바람을 적어 보려고

지난날의 회한과 찌든 모습은

시작의 밭에 거름으로 주었고

희망이라는 단비도 내려 준다면

시집가는 날 웃고 싶어요

夢蓮

당신을 바로 쳐다볼 수 없음은
자태가 빛남도 아니요
장미 같은 끌림 있는 것도 아니요
목단 같은 부유함도 아니요
백합 같은 청순함도 아닌
뭔가 있어요
그 뭔가를 말해 줄 방법이 없어요
그래서 꿈에서나 약속하지요
당신은 만질 수도 없어요
가까이 보기에 눈이 부셔요
꺾지도 못해요

꽃은 천상에 있는 듯

바로 볼 수 없어

꿈에서나 약속할래요

실컷 볼래요

실컷 볼래요

깨고 보니

간밤에 본 꽃은

꽃이 아니었네

부처님의 환한 미소였네요

보시

나 태어날 때
엄마의 양수 보자기 쓰고 나왔네
내 몸 가리개로 탄생 때 감싸주던…
그 이후 내 몸은
끝없는 욕망의 보로써 혹사당했었지
내 눈으로 볼 수 있는 건
내 몸 반쪽뿐인데…
발바닥조차 겨우 보는 내 육신에
빼앗긴 시간은 얼마인가?
남은 건 긁힌 상처뿐…
산통의 보와
거추장스럽게 내 몸을 휘감던 보를
저 강에 띄워 보내고
布施라는
새 손님을 맞으러 가자

그것은
전해 주는 이의 이름 없이
내 손에 쥔 것조차 모른다
예쁜 보자기 한 장 없이도
우표 한 장 없이도

PS: 회신불요
어느 날 우체부가 문밖에 전한 말
부재 중이라 전하고만 갑니다
당신의 마음은 참 아름답습니다
꽃다발도 당신은 거부하니까
행운의 클로버 한 잎을
당신의 창문에 두고 갑니다

구름

구름은
씨앗도 없고
꽃피고 짐도 없이
바다 위를 떠도는 물보라같이
피었다 떠나가네
바람 따라 구르다
흩어지니
세월은 사람을 두고 가고
바람도 구름을 두고 가네
구름도 오래 머물지 못하고
인생 또한 영원하지 않다네…

용서

무게도 없는 것이
형태도 없는 것이
무거운 척 산더미 같은 척
내려놓기가 그리 힘듭니까?
끄집어내기조차 한 것입니까?
그 하찮은 것은
오기심과 아집이 낳은 부산물입니다
언제나 그 단어는
쉽게 사용해도 되는
솜털같이 가볍고 포근한 것인데
인색할 아무런 이유도 없고
쓰면 쓸수록 빛이 나는…

숨겨둔 곳은 자신도 모르지만
그것을 끄집어낼 때는
눈빛과 마음 울림의 파장으로
안테나 없이도
초고속 시공간을 파고들어가는
요술방망이가 되어
♥모양을 그려 줄 것입니다

차 한 모금

산사 모퉁이 뒤뜰
흰 광목 포 위에
찻잔 두 개 그대와 나 마주 앉았네
미풍에 떨리는 손
우전차 혀 끝에 머금으니
나는 잠시
할 말을 잊었네
하고픈 수많은 낱말들은
수줍어 기억 속으로 숨어버리고
그 향은 더디게, 더디게
고요한 산사에
시공간을 흔들어버리더니
내 마음조차도…

기도

그대는 들리는가?
귀라도 기울여 보자
아!

무얼 보려고
뭐가 그리 알고 싶어
숨소리조차 태워버리네!

그때
바람이 전하는 말
나는 너를
보았다고
또
들었다고

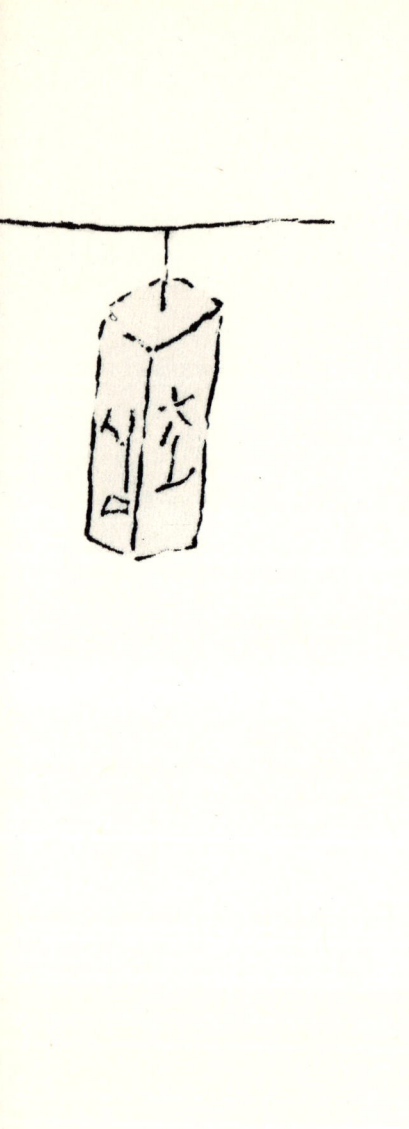

연등 이야기

이 순간
모든 형상은 빛으로 發하는구나!
도대체 무얼 보여 주려고
무얼 말하려는지
황홀함은
잠시 머물다 기억에서 도망친다.
얼마 후 마음의 문이 열리기 시작한다
정신세계로의 이동의 바퀴가…
내 몸 구석구석
심지어 가슴까지도…
연꽃불씨가 어디로부터인지
그리고 그분이
내 가까이 계신 걸 몰라본
내 어리석음을 깨우치게 한
연등 날

돌부처

님의 미소는
돌아져 누워 있는
어둠 속에서도 피어오릅니다
돋아나는 그 자태
야생화 같아
어찌 그리 고결한지요
눈이 부셔 차마 볼 수 없구려!
도대체 어디에서
나를 쳐다보고 계신지요
눈이 부셔 너무 눈이 부셔

내가 사는 이유는
당신의 그 이름 때문입니다

그 맛 커피 향

햇살은 삼각산 뒤
기지개 펴고 있는데
커피 향에 취해
여유로움을 부리고 있을 때
햇살이 창밖으로
나를 부르네

그때
숲 속 참새 한 마리 나를 보더니
눈은 동그래지고
쫑알거림을 멈춘 채
침 삼키는 듯한!
OK

새벽 산사는 오케스트라 축제

나는 지휘자

참새떼들은 코러스

졸다 더위 먹은 풍경도 트라이앵글

그 맛

커피 향

수채화 한 폭 담아

우편으로 누구엔가 띄운다면

그 향도

따라가겠지

사랑

밤하늘 헤일 수 없는 미리내 같아
오월 들판 보리밭 같아
화려함은 차라리 거절하고 싶다
밥 지어 기다리는 아낙의 앞치마
익숙하게 흥얼거리는
18번 유행가처럼
농익은 밀주 맛 같이
두부 한 모 썰어 놓고
마주 앉은 고추친구 같은…
이런 편한 사랑이면 좋겠다

솔아 너는

내 젊은 나이에
이 사찰에 처음 왔을 때
생사해탈하겠다는 비장한 각오로
오직 공부에만 매진하였을 때
너를 친구 삼으려 내 옆에 두었지
그때 너는
내 쇠잔한 가슴과 추위 막아주는
바람막이였는데
내가 이 세상 등질 무렵에는
장성한 소나무가 되었더구나!
그 사이
너는 얼마나 많은 나이테를 그었는지
내 떠날 때 뒷방 댓돌에
낡은 털신 한 켤레 두고 떠난 걸
너는 알고 있니

나는 가끔 궁금하기도 하다

너와 나 친구 되어서

내가 힘들 때

너 등을 기댄 채 하소연도 했었지

그때 내 눈가에 눈물자국도

너는 보았겠구나!

너와 내가 오랫동안

세상 끝까지 하려 했지만

인간의 수명은 한계가 있었네

이제

새 주인 만나 새 정 나누며 잘 지내거라

나는

나는

너가 그립구나

긴 여행

지금 나
떠나지 않으면
후회할 것 같아
배낭에 주섬주섬 옷가지 챙겨
집 떠나니
높고 맑은 하늘 모두가 신비롭네
몇 날이 지나고 보니
흰 구름 서산으로 사라지고
새들도 어지럽게 날아 멀리멀리 가버리고
겨울 가지에 걸린 달은
해 지기 전에 벌써 걸렸네

.

.

.

나에게 묻네

나들이가 행복하였냐고
나는 쉬이 답을 못 주었네
인생의 긴 여행은
나는 눈요기만 하였노라!
마음은 떠나지도 않고
저 강둑에 묶어 둔 채

기다림

그대가 뒷등 돌린 채
굽은 골목길
어깨자락
마지막 본 후
나는 기다림의 지지한 시간과
끙끙거린다
벽시계도
한참 생각하다
겨우 치는 듯
오늘따라
도망치듯 달아나는 시계 바늘은
더 졸고 있네
나의 인내심은 바닥나고
슬…슬
짜증의 발심이 움틀거리네

마침 그때
감나무에 매달린 홍시 하나가
내 앞에 떨어지니 죽이 되어버렸네

기다림의 시기도 정해져 있나 봐
기다림은 시시한 게임
8요일의 환상

연꽃

너는 나를 모르지만

나는 너를

벌써 언제부턴가 알고 있다

내 세상 이치 깨우치려

고개 갸우뚱거리다

너에게로 다가가

그 답을 찾았네

너가 진흙 속에서

멀리 도망치듯 뿌리내린 까닭을…

꼭 다문 함장의 모양으로

이슬방울 머금은 채

말하려는 듯 말 듯

줄기 속은 왜 비워둬야 하는지를…

오묘하고 신비로움은

사바세계의 궁금함을 풀어주는 듯

선명하게 흘러내리는 자태는

삶이 지혜롭고 영원함을 의미하려 하네

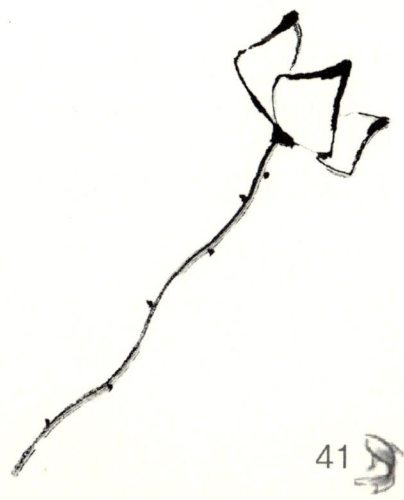

마카 : 모두

골초뿌이가 : 골초뿐인가

퍼뜩 : 빨리

서울 달

시골 할머니 서울 와서 밤하늘 쳐다보더니
"왜 서울에 달이 없노"
"왜 저기 있잖아요"
"저게 달이가 먹다 남은 부침개지"
"서울 달이 얼마나 세련됐는지
 모르시나봐"
"서울 달에 토끼가 마카 골초뿌이가
 또 절구통은 어딘노"
"그래도 서울 달은 멋쟁이잖아요"
(입은 삐뚤어도 말은 바로 해야지)

"!???!!!!!"
"나는 퍼뜩 우리 달 보러 갈 끼다"

새

높이를 모른 채

구름 이불삼아

산등성이 비비다가

바람과 벗 삼아

그 울음은

진정 우는 것이 아니더라!

자연 섭리에 리듬을 타고

찬란한 환상을 잊은 채

고통은 상상력으로 승화시키네

화살도 피하고
세상 소리 싫어
차라리 발자국 남기지 않는
저 창공으로
서로의 허기를 어루만지면서
더 높이
더 높이 날고 싶다

발심

나는 부처님의 귀를
잡아당겨봅니다
어깨를 짓눌러도 봅니다
허리를 잡고 빙빙 돌아도 봅니다
부처님은 빙그레 웃으시기만 합니다
"이제 다 하였느냐"
왜 부처님은 성냄도 없으신지요

앗! 그때

회초리보다 더 무서운 채찍이

나를 더 매섭게 때립니다

모든 마음의 시작의 씨앗을 내가 뿌렸고

그 꽃이 핌도 열매의 맺음도

마땅히 내가 거둬야 된다는 것을

내 옆의 나(그림자)

내가 나의 존재를 본 것은

이 세상 태어난 후 처음으로

긴 자락 외로움과

감당할 수 없는 슬픔의 늪에서

세상 빛이 검게 보일 때

네가 세상 구경 때부터 있었다는 걸!

하필이면 가파른 산비탈

물결 풍랑 잦은 수문장이 됐나?

하늘 보기 싫어

땅을 쳐다보며 힘들어할 때

너는 더 크게 보여

너 지겹지 않니?

외제승용차 태워준 적 없고
럭셔리 파티장 데려준 적 없는데
이 미련 곰탱이 같은 녀석
참 119는 타봤지?
이젠 어쩔 수 없이 가는 데까지 가보자
너 세상 끈 놓을 때
미련 없이 주저 없이 떠나거라!
더 좋은 주인 만나거라

길

집 밖 나와 어디로 갈까?
넓은 길
사잇길
골목길…
돌아올 걱정에 강둑길 따라갔더니
물결은 졸고 있고
주인 기다리는
빈 나룻배만

약속

사랑은 가끔

삐지기도

토라지기도

돌아눕기도…

그때 나는

깊숙이 접어 고이 간직한

첫 마음 끄집어냅니다

보석함보다 더 소중한

크지도 않으나

처음 다짐한 나만의 약속입니다

설렘의 감동이 아직도 따뜻합니다

나는 영원히 사랑할 것입니다

내 사랑의 시작이며 끝 사랑입니다
숨겨둡니다
가끔 빛바랠 때
끄집어낼 때
더 깊이 성숙한
누구의 것도 아닌
오로지 나만의 보석함

하나라네

나의 이름 너의 이름은
부모로부터 받아 다르네
너의 집 마당의 과꽃과
나의 집 장독대 기웃거리며 핀
봉선화도
달리 보여진 내 눈은
잠시 착시가 아닐까
왜 그리 둘러서 가려 하는지
서로 비켜가길 원하지만
그것도 헛수고가 아닌가
천당과 극락이 다른 곳인가
이름만 다를 뿐

천국 티켓 줄 서 있는 여러분도

극락세계 줄잡고 있는 세상 사람들

극락 문도 기웃거려 보고

천당도 들렀다 가시게

시작과 머묾은 달라도

돌아가는 길은 하나라네

석굴암

가을은

여기까지 왔네

굽은 길 가파라도

담벽에 매달려 안간힘 쓰는 손바닥

가을은 손가락 가락마다 색을 주었네

가을색이 어찌 맑은지

한 잎마다 어찌 다른지

세어 보느라, 무슨 색인지 중얼거리다

벌써

석굴암

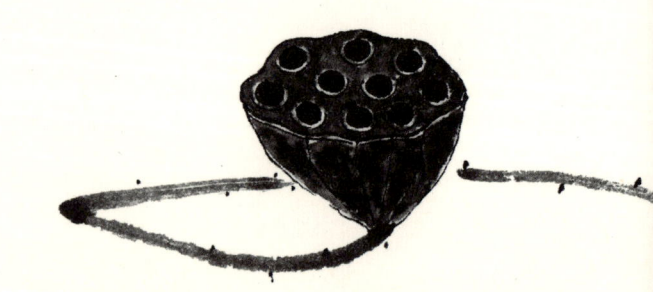

보리암

올라갈 때 雲舞 보고
내려갈 때 초승달이라
바닷가 밤은 왜 그리 새까만지
초승달 길 밝혀도 가슴 콩닥
보리암 운무 자락이 내 허리 감더니
걷지도 않았는데
어느새 버스 정류장
낮에 바닷가 꿈쩍 않더니
산행 길잡이 되어 또 찾아오라 하네

산사

고무신 신고 다니기도
털장화 신기도…
내 마음 묶어 둔 곳 저 산 위
맘 닿는 데로 가다 보니
눈 쌓인 길 흔적 없어도
다니는 버릇 대로 가다 보면 나를 반기네
철 따라 꽃잎은 어지러이 피어도
그 이름 알려 않고
본래 피었던 꽃인가

불 밝히지 않아도
돌멩이 걸리지 않네
처음부터 이 길은 나를 위해 만들어졌나
산 위 서 있는 저 소나무
내가 오락가락하는 모습 보고만 있네

종이배

과거 지우러
빛바랜 보따리
배 위에 띄웠더니
종이배 오히려 거꾸로 가는데

바람에 첫사랑 이름 도로 나오고
잊어버렸던 만큼의 편지가…

강물에 다 보낸 추억 보따리가
더 커져 버렸네

추억을 버린다는 것도 쉬운 일이 아니네
담아서 서랍 속에 다시 넣어 버렸다

무지개

하늘 위로 무심함을 던져버리니
영롱한 일곱 색
다리끈 놓아버렸네

발바닥으로 디뎌 보고 싶으나
바로 도망갈 것 같아

순간도 아닌 것이
환상의 일곱 가지 빛깔의 띠

고향

문지방 사립문 성급히
제쳐버리고

등어리 반만 보인 채
모두모두 두고 떠나갔으니
가방에 무얼 가득 담았는지

눈에 밟힌다는 뜻 알 것 같아
타향은 시간들을 갉아버리고
이마는 참빗 자루마냥
빗살무늬 남겨버렸네

강물은 굽이굽이
다시 흐르고
구름은 흐느적거리며
나를 훔쳐보는 듯
버선발로 반기시던 어머님은
하늘 높이서 웃으시네

다시는 가르마길 따라 이 길을
떠나지 않으리
산과 들 내 눈에서 떼지 않으리

相想화

당신은 누구신지요
우리 통성명이나 합시다

그러는 당신은 어디 계시는지요
어디서 본 듯도 하고
냄새도 맡아본 듯하고
당신을 언제 볼 수 있나요

영원히 볼 수 없나요
숨어서라도 볼 수 있다면
가까이 있어도 못 보고 그리워만 하나요
만에 하나 저세상에서 만난다면
당신은 무슨 꽃이 되고 싶나요?

나는 또 상상화 될게요

촛불

너가 나를 위해 불 밝혔니?

나를 위해 태우고 있니?

시간이 흐르니

타고 꺼짐은

아무 의미 없지만

그것은 다만

나 자신을 위함이

결코 아니란 것

지금

태양이 고별인사를 할 때
왜 붉게 뿜을까?
오늘의 아쉬움?

절규하듯
우리들에게 순간의 소중함을
깨우쳐 주고 싶은데
이 순간을
왜 깨닫지 못할까
매일매일 일깨워 줬는데…
매일매일 모르고…
내일 또 오겠지 하고…

…바보같이 어리석은 나!
아침에도 새롭게 시작하라고
동쪽에서 눈부시게 주었거늘

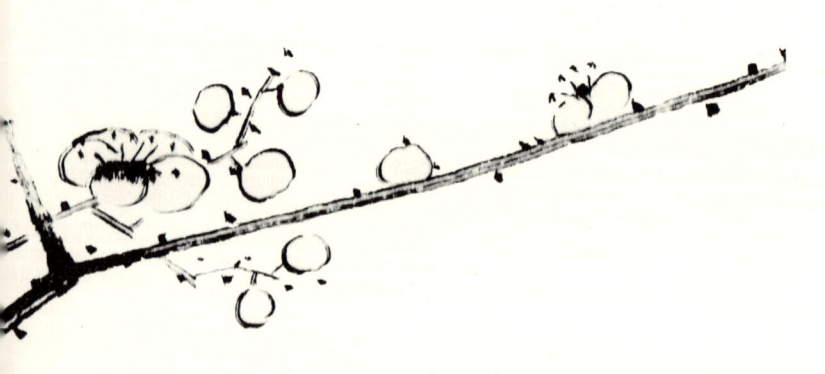

봄

봄이 새 옷 입고
꽃을 꽂고 기다리네
길목에서
기다림은 봄만이 아니다
손님만이 아니다

봄은 길목에서
손님 된다
누구나 손님 되어
누구나 봄 되어…

無

찾으려니 없었다
가지려니 없었다
얻으려니 없었다
보려니 없었다

그러나 찾는 것도 있었었고
가지려는 것도 가졌었고
보려는 것도 본 적 있었다
아님도 있었음이었고
있음도 아니었으니
있고 없고는 다르지 않는 듯!

세상 만물은 인연으로 잠시 화합하였다가

시간이 지남에 흩어져 버리리니

생성과 소멸은 처음부터 없었고

영원하지 않더라

본시 없음에서 시작하지 않았던가?

모래알

하늘에서 나란 존재는
얼마의 크기로 보일까?
너무 작아 못 찾을 것 같아
그러나 포기할 수 없는 존재

차라리 모래밭에서 튀지 말고
편하게 묻혀 버리자
어울려 더 좋은 세상 만들어
여름날 사각사각 밟히기도 하고
바닷가 물고기들의 속삭임도 엿듣고

나와 친구들은
오대양을 껴안을 포용력도 있고
우주 속의 나란 존재
오대양 속의 나!

꼭 크게 보이려 말고
나의 상을 만들 이유 없이
그냥 바닷물 출렁임에 따라
그냥 그렇게 어울려 살지

겨울새

먹이 찾아 나선 반나절
겨우 우물가 얼음 속 찌꺼기 찾아내고선
기쁜 마음으로 콩콩 쪼아보지만
그것조차 먹기 힘이 드는구나

나는 양지바른 구석 벽에 기대어
두 눈을 감는다
아 옛날 그 옛날에
나는
이 산 저 산으로
이 언덕 저 언덕으로
누볐었지
그땐 꽃들도 나를 반겼었지
다시 옛날로 돌아갈 수 없다면
차라리 눈을 뜨고 싶지 않다

후회

너는 왜
열등아처럼 찡찡대며
꽁지만 하느냐?
"저는 앞장설 자격이 없습니다"
그래도 너는 열등감 가지지 마라
후회 않는 놈 보다 낫다
그 사람이 이 사실을 알고 있느냐?
"네?!"
이후는 그 사람이 후회할 몫이다
그러면 됐느냐?
"하지만 그분이 용서한다는 회신 미도착입
니다"

반드시 올 것이니 조급증을 버려라!
좋은 소식은 쉬엄쉬엄 오느니라

물

그놈은
흐르는 방법 외에는 아무것도
뒤돌아보는 걸 잊었다
밤낮없이 몸살조차 않고
이 미련한 놈아
잘생긴 반석 위에
술 한 잔 목이나 적시며
세상살이 이야기도 하며 쉬어나 가자

"무슨 말씀!
먹다 남아 던진 술병 마시느라
하루라도 취하지 않는 날이 없어요
오물 쓰레기에 상처 입기 싫어서
줄행랑을 쳐야만 해요"

내 너를 보고 있노라면
현기증 난 까닭
이제야 알겠구나!

그리움1

그래도 그리워지는 걸
가까이 다가갈까?
너무 멀리 있네
강물에 잎 띄워
마음 전해 볼까?
그 사연 풍랑에 흘려버릴까봐…
살며시 걸려 있는 초승달은
멀어지고 떨어져 가고 있는데
한 조각 일몰같이…
슬픈 소야곡같이…

그리움2

푸른 솔 사이
구름 밟고서
나의 창문 끝에 그가 온 듯
세상 여는 손 익숙치 않아
머뭇거리다 멈추고
길이 멀어 두려워하십니까?
행여나
긴 기다림의 시간 세어 보아도
산 높이만큼 되어야만
그리운 마음 담은 시 한 편
그대에게 띄울 수 있겠지

풍경

내가 너를 만난 인연은

전등사

기념품 가게에서

너와 내가 눈이 맞았지

내가 세상 구경한 곳은

내 방 창 끝자락에 매달아 두었지

나는 가끔 너에게

그 사람 안부를 묻기도 하지

너가 어찌 알리오마는
너는 그때 소리를 내기만 할 뿐
너 대장간 출신이라
오늘은 내 맘 바람 유난하구나
너까지도
아무래도 너를 보내야겠다
그 사람 있는 창문가로…

無名

나는 가슴에 명찰 달고 주민등록증!

삶의 두께만큼의 나의 카드가

그 이름 석 자

이제 벗고 싶다

잊고 싶다

잊혀지고 싶다

그 이름 지키려고

목은 어찌 아픈지

어깨는 무거운 옷에 짓눌려

얼굴상은 시시때때 변화해야 하는지

이제
내 이름 석 자
잊고 싶다
차라리 잊혀지고 싶다
살아온 삶의 지층들
내 나를 돌아보지 못함이
미안하구나!

스님이야기

태생부터 부처님의 부르심은 아니었지만

시시때때 찾아오는 절박감이

준령 굽이굽이

나의 뜻 다졌건만

그 답 애매하여

구름 위 나는 새들이

가려고 먹은 마음 우리들같이

앞만 보라 하네!

한창 나이에 마음의 동요 잠재우고

서릿발같이 곧은 저 잣나무같이 가리라

속울음은 대숲 바람 소리에 묻어버리고
해인선원 하늘은 어떤 색깔인지
해 바뀌어도 그대로인데
5년 후에야
기왓장의 그림자가 내 발등에서 보일 때
나는 그 시간이 헛되지 않고
더욱 우뚝 서 있었다는 걸…

하늘

살아가면서 무겁게 느낄 때 외로울 때
가끔 고개 들어 위로 본다
하늘을!
내가 본 그곳은
세상이 줄 수 없는
나머지 모든 것을 준다

평안
희망
그곳은 나만의 쉼터다
하늘은 나를 나무란 적 없고
용기만 주는 진정한 친구다

나의 나(我)

어디 갔다
이제 왔니!
나 혼자 두고 떠난 세월
너는 뭘 본 거니
어떻더니
너 나를 잊은 줄 알았네
세상 지키며 사노라
힘들어 너를 찾으러 떠날까 했지만
부질없는 짓이라
이제라도 돌아와 줘 고마워
이젠 걱정 덜었네

나의 像을 너는 잘 표현했니?
이름표 당당히 달고 다녔니?
헛된 짓은 하지 않았니?
후회한 적 있니?
이젠 끝까지 같이 가자
너 없는 나도
나 없는 너도 없이
나 속에 너는
꼭 숨어 있거라
도망치지 말고

내 네

마음 뜻 따라
나를 너에게 던져본다
구름 높이 나는 새
창공을 부러워하네
바람은 주저 없이 즐기고
흐르는 물소리는
하늘의 조화에 탄성 지르니
이렇게 빼어난 자태를 품은 너는
세상의 이치를 다 아는 듯…
세월이 더디게 가길 바라지만
시간이 허락하지 않네
피고 지는 이 꽃에 맞춰
무상함을 노래할까?
나와 너의 떠남은 다르지만
돌아오는 길은 하나라네

이상

무한대의 용적량의 에너지
시작은 어딘가?
나만의 상상력의 도달점이다
그 댓가 없이
우주란 도화지에
펼쳐 보자
끝없이 그려 보자
날개는 거추장스럽다

고결하고
원대하고
또 아름다웠으면
날개에다 새겨 보자

내 마음의 풍차

어두운 방 싫어
촛불 켜진 방 문을 열고 닫았더니
조금 전 따라온 바람결이 없어졌다
꼬리도 남기지 않고

너무 밝은 방은
일찍 나른이 찾아와
어둠 속에 휴식을 갈망한다

바람은 멀리 간 듯

바람 내가 일으켰구나
보낸 것도 나였구나
내 마음이 만든
풍·화·작·용

벼개

참 편하다
지친 몸 눕혀 줄
너 아니고 누구겠니?
내 것만인 것이 또 어딨니?
눌렀다
끼웠다
콧물 눈물까지
게다가
세상이 거부한 나머지를…
오늘도 엄마 품 파고들 듯
내 육신 옷 벗고 눕힌다

눈물 꽃

눈물도 꽃 필까?
그 꽃 속엔 깊은 우물 있었네
눈물로만 채운 걸까?
눈물 마른 채 빗물 뿌려주니
그 빗물 모자라 한숨도 보태줬나…
눈물에 어린 달빛도
눈물 꽃같이 보여

아버지

오늘따라 아버지가 그리워지다
내 나이 다섯 살 때였지
품에 꼭 끼우시더니
연필을 손가락 끼운 채 깎아주시며
웃으신…
언제나 등받이 되실 줄 알았는데
저 소나무같이!
그 자리에 계실 것만 같았는데…
아버지 목소리인가
문열었더니
바람에 솔방울 구르는 소리였네
내 방에 솔향만 가득하네

밥 한 그릇

하루 세 번씩
너는 나를 위해 태어났니?
내 얼굴 세 번씩
붉게 만드네…
부끄럽게 만드네…
모두들

어디 출생이며
누구 손에서 이곳 부엌으로 온 거니?
너희들은 비, 바람 가뭄 견디며 살았는데
방석 위서 받아먹는 내가 부끄럽다

그랴 알았다
너가 무슨 말 하려는지
끝까지 맛있게 먹고 건강하라고?
그래 고맙다 너의 바람
저버리지 않을테니
매일매일 고맙단 말 꼭 할께

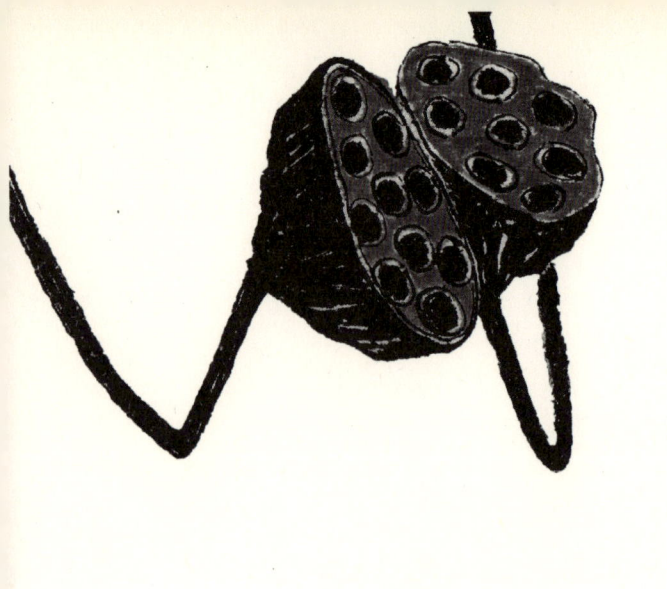

餘白

가득함은 여유로워 좋고

부족함은 아쉬워 좋고

많은 꽃송이 꽃병보담

한 송이 뒷벽 도배지 무늬도 제법 괜찮네

지혜로움은 편안함을 주고

우둔한 것은 넉넉해서 좋다

내가 가는 길 두리번거려도

기다리는 이 없지 않은가

밀물썰물

당신은 태양 나는 달

당신이 잠자고 싶어서

쉬고 싶을 때 나를

우주를 지키라고

태양을 지키라고

썰물 만들어 주고 조개도 줍고

달빛 아래 게들도 사랑을 나누어

산란기를 그 빛으로 만들어 주고

만물이 휴식시간 주며

내일의 시작을 준비하게 해

달이 숨어 있는 사이

바닷물도 살갗을 드러낸다

누구의 가르침인가?

서로의 약속인가?

서로의 위치 묵묵히 지키며

자연의 섭리에 순응하며

서로 원망 않고 등 돌린 채 있어도

뗄 수 없는

절대 분리할 수 없는

수억 년이 가도…

너와 나

그 태양과 달처럼만 같아라

세월

세월아 시간들아 바람들아
천천히 가자
산도 보고 꽃도 보고
앉은 나비도 보고
뭐가 그리 급한가
쉬어나 가자
숨가쁘면 능선에서 어차피 쉴 것 아닌가?
흘러 보낸 세월 어디 두고 왔는지
생각 한 번 할 시간 줘라
이곳까지 두 다리 성한 것도 고맙다
산천 볼 수 있어 고맙다
모두모두 고맙다

밤

내 몸 눕히고 마음도 접게 하고
환상열차 타고 꿈나라로 태워간다
과거 현재 미래
세 정류장 거치고 마구 달린다
운전석에도 승객석에도…
가버린 사람
잊혀진 사람
미운 사람
그리운 사람
모두 볼 수 있어 좋다

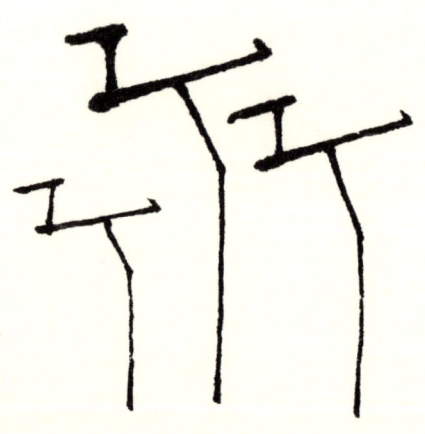

오늘

새로운 아침은 항상 온다
오늘은 오늘 뿐이다
오늘은 내가 주연이다
삶이란 주제의 영화 속 주인공이 되고
소설 속의 주인공도 되고

무대 위에서 최고의 모습처럼
하루라는 주인공이 되자
관객 없지만
몸짓 의사를 멋있게 끌어가자
그 속에 자아를 끄집어내자
순간순간 정성스럽게

시 평

'시(詩)'의 '집'으로 '가다'
– 한 생애의 귀환(歸還)을 바라보며

최재목(시인, 영남대 철학과 교수)

1. 인연, 그리고 또 인연

인연…. 잠시 과거를 회상한다.

몇 년 전의 일이다. 합천 해인사의 승가대학에 4년간 강의를 다닌 적이 있다. 소나무 향기 그윽한 산길로 접어들 때면 굽이굽이 몸은 산과 물이 되는 듯 '지금 이 순간'의 한복판에 서 있음을 느끼곤 하였다. 나는 거기서 〈동양철학〉과 〈글쓰기〉를 가르쳤다. 그때 학인스님이었던 재천스님을 만났다. 이후 나는 연구년을 얻어 네덜란드로 떠났고, 해인사의 일들을 거의 잊고 지냈다.

올해 마침 서울 동국대학교 불교대학원에 〈선과 중국근대철학특강〉 과목을 맡게 되었다. 첫 수업 시간. 강의실에 들어섰는데, 어디서 많이 본 얼굴이었다. 재천스님이었다. "아! 스님…." 물론 다른 낯익은 스님들도 계셨다. 해인사 승가대학에서 만났던

분들이었다. 순간 나는 느꼈다. '아…인연, 또 인연이구나!'

두 번째 수업을 마치고 서울역으로 향하려는 참이었는데, 재천스님이 "어느 보살님이 좀 봤으면 하니 시간 좀 내어주었으면 합니다."라고 하였다. "무엇 때문인지요?"라고 물었더니, "오늘 만날 보살님이 지난 날 참 어려운 시간을 보내시다가 연세가 드셔서 근래 불교를 알게 되셨고, 더욱이 제가 시를 지어보시라 했더니 참 성실하게 잘 짓고 계십니다. 그 이후 마음의 평온을 찾고 삶의 즐거움을 알게 되셨습니다."라고 말해 주었다.

재천스님은 다시 말을 이었다. "그 보살님이 쓴 시 원고를 좀 봐주셨으면 합니다. 시를 좀 다듬어 시집을 내고 싶어 하시는데, 가능하시다면 시평을 좀 해주실 수 있을런지요?" 그날은 내가 왜 그랬는지 모르지만 "예, 그렇게 하지요!" 라고 즉답을 하고 말았다. 일단 그분부터 먼저 만나 보자고 하였다. 이래저래 바쁜 원고들이 밀려 뻔히 어려운 상황인데도, 내가 거절 못하고 선뜻 오케이 한 것은 누군가 시를 쓴다는 것이 무척 반가웠던 탓이다. 아니 그보다도 더 근본적으로는 재천스님과의 인연 때문이었을 것이다.

재천스님과 나란히 걸어서 동국대 뒤편으로 내려가 마침 나를 기다리던 보살님을 만났다. 김양선이라는 분이었다. 연세가 좀 들어보였지만 첫눈에 예술가적인 면모를 눈치챌 수 있었다. 섬세하고, 감각적이신 분 같았다. 이야기를 하다 보니, 그림도 그리시고 악기도 제법 다룰 줄 아시는 분이었다.

나는 준비해 온 원고를 읽어나갔다. 5-60 편 남짓. 짧고도, 차분한 어조로 정리한 내면 풍경을 나는 만날 수 있었다. 시를 접한다기보다 당초 내가 관심을 가졌던 것은 글을 통해 김양선이라는 분의 삶을 읽고 싶었다. 언어를 통해서 그분의 인생 보따리를 열어 보고, 그것이 말하는 삶의 진실을 좀 들여다 보는 일은 마치 내가 시를 쓰듯 즐거운 일 아닌가. 이미 그분은 시라는 세계에 푹 빠져들어 있었다. 제법 기법을 익히고, 희열을 느끼고 있는 중이었다. 언어를 다루는 솜씨보다도 시를 통해 드러나는 진실을 느낄 수 있었다. '저 연세에 시를 쓰시다니! 특별한 내면세계를 가지셨으리라'고 나는 확신하였다.

사실 시는 문단에 데뷔한 꾼들(시 전문가)만이 쓰

는 것이 아니다. 누구나 자신의 인생과 세계의 원초에 눈을 돌리고, 거기로 다가서는 진솔한 마음으로 그에 걸맞는 시어를 통해 그것을 발견하면 된다. 이 점에서 누구나 시인이 될 수 있다. 그리고 시를 쓰는 순간 누구나 주인공이 될 수 있다. 자신의 본래면목 즉 부처를 만날 수 있다. 시를 쓰는 일은 어쩌면 부처를 만나는 길이다.

그래서 나는 이런 저런 이야기를 나누면서 앞으로도 "희망을 잃지 마시고 '쭈-욱!' 시 쓰기를 밀고 나가기 바랍니다."라고 격려하였다. 준비해 온 시 원고를 건네받아 나는 남행하는 열차에 앉아 그분의 본래면목을 태워서 간추린 문자사리(文字舍利)를 매만지기 시작하였다.

2. '시(詩)'의 '집'으로 '가다'

김양선 보살을 나는 이제 '김양선 시인'이라 부르고자 한다.

시를 쓰면 누구나 시인이기 때문이다. 서점에 가면 간혹 느끼는 것이지만 부처님 진신사리를 모신 탑을 따라 돌며 경배를 하는 탑돌이를 보는 듯하다. 한

129

인생의 말씀은 책 속에 들어 있다. 책은 말씀의 무덤이고 관이다. 거기에 그 누군가의 진신사리가 들어있다. 그 주변을 맴돌며 한 자 한 자를 '읽어 나가는 - 그 너머를 생각하는' 사람들은 마치 탑돌이를 하는 것과 같다. 글을 쓰고 글을 읽는 일은 결국 자신의 본래면목 즉 부처를 만나는 일이니 모두 탑돌이를 하는 것 아닌가. 자신의 진정한 세계로 찾아나서는 일은 여러 가지가 있겠으나 김양선 시인은 시로써 그 길을 헤쳐 가고자 한다.

시인이 시집의 이름을 〈시집가다〉로 정하였다. 나는 그렇게 정한 특별한 사연을 알고 싶어 먼저 시집의 〈책을 펴며〉를 읽어 보았다.

사람이 자신을 표현하는 방법은 목소리로, 몸짓으로, 손으로, 악기를 통해 또는 저장된 뇌의 기억으로…….

시란 암송한 것이 전부인 줄 안 유년시절…….
이제사 되돌아보니 질주하듯 삶의 바퀴가 세월이란 자국을 남겨버렸는데 그 속에 아무 흔적도 없음이 아쉬웠다.

그래!

 순간순간 멈추는 모든 것에 대한 소중함을 서투르고 모자라지만 나의 눈높이만큼 낱말로 묶어 보자. 깨끗한 향기만 있다면…….

 인간은 혼자 필 수 없는 일년초인 듯 토양을 주시는 분, 물을 적당히 주시는 분, 비바람을 막아주시는 분, 씨앗이 뿌리내리기까지 힘 주신 분들께 지면으로 감사 인사 드리며 불교에 기쁜 마음으로 다가갈 수 있게 한 재천스님과 스님의 도반, 그리고 자암스님 지성스님, 꽃보다 아름다우신 세 분께 연꽃한 송이 올립니다.

 버선발로 까치발 하며 첫발 디딘 초심이 더 공부하고 성숙해진 모습으로 만나지기를 희망하며.

- 〈책을 펴며〉 전문

 시인의 말 가운데 '버선발로 까치발 하며 첫발 디딘 초심'이란 구절을 읽고 나는 금방 알아차렸다. '아, 이것이구나!' 하고. 시집의 제목을 정한 내막이 바로 이것임을 직감하였다.

시인이 시집 제목을 '시집가다'로 정한 것은 특별한 의미를 갖는다. 시집가다를 나는 '시(詩)'의 '집'으로 '가다'라고 읽고 싶었다.

시란 무엇인가. 우선 때 '시(時)'자를 보자. '日(일)'자와 '寺(사/시)' 자가 결합된 것이다. '日'은 '해=태양' 즉 '시간'을 의미한다. '寺'는 절간(사찰)이 아니다. ①'손'(手→寸) + ②'꽉 붙들다=포착하다'(止→土)이다. '시(時)'는 흘러가는 시간(=때)을 손으로 붙든다는 뜻이다. 영어로 'just now'(바로 지금)거나 '타이밍'을 포착한다는 것이다. 여기서 '일(日)'의 자리에 언(言)을 바꾸면 '시(詩)'자가 된다. '언(言)'은 우리 마음에서 생겨나는 '첫 언어', 첫 순간의 '말'이다. 그것을 '손'으로 '꽉 붙들어' 글로 써내는 것(wording)이 시(詩)이다.

시인의 사명이 순간의 언어를 포착하는 것이다. 흘러가는 시간-기회-타이밍을, 허탕치지 말고, 잘 붙드는 일이 '시(時)'이듯이, 우리 마음에서 생겨나는 '첫 언어', 첫 순간의 '말'을 일상의 낯익은 논리 속으로 들어가기 전에 얼른 붙드는 일, 그것이 시인의 소명이다. 그렇게 일상 속에서 죽어버리는 언어를 뺨을 때리고 흔들어 깨워서 살아서 팔딱팔딱 뛰는 언어로 바꾸는 일이 시인의 사명이다. 이 점에서 시인은 언어를 지키는 수호자, 언어지기이다. 그 언어는 자신의 영혼이고 세계이며, 본래면목이기도 하다.

김양선은 여성으로서 처음 낯선 남성을 만나 평생을 기약하고 인생을 꾸려가는 그 '시집가는' 초심처럼 시를 시작하였다. 그것을 다듬어서 시를 한권의 책으로 묶은 것이었다.

'이제사 되돌아보니 질주하듯 삶의 바퀴가 세월이란 자국을 남겨버렸는데/그 속에 아무 흔적도 없음이 아쉬웠다.'고 고백하듯이, 흘러간 세월의 '허망함'을 언어로 초극해 가려는 초심을 존중하고 싶다. 시인이 '순간순간 멈추는 모든 것에 대한 소중함'으로 돌아갈 수 있으니, '꽃보다 아름다우신 세 분께 연꽃 한 송이 올립니다.'라고 이제 담담하게, 평온하게 회향할 수 있다. 자비심으로 타자에게 눈돌리고 감사할 수 있는 것이다. 이런 평정과 평온은 초심의 확인에서 가능하였다. 실제 〈시집가다〉라는 시를 읽어보면 〈책을 펴며〉의 다짐을 더 자세하게 만날 수 있다.

우주가 지구를 품었고
지구는 자연과 인간을 품었다
나는 엄마의 씨 밭에서
날개 없는 꿈을 품었다
이제사 바래진 조각 천으로
색동저고리 만들고
낱말로 매듭 엮어 고름하고
버선발로 시집 문턱을 넘고 갑니다
희망의 단비가 옷깃을 적셔도
시집가는 날 웃고 싶어요

비워진 마음 하나로
예쁘게 시집갑니다
가계부에
포도송이 같은 바람을 적어 보려고
지난날의 회한과 찌든 모습은
시작의 밭에 거름으로 주었고
희망이라는 단비도 내려 준다면
시집가는 날 웃고 싶어요

– 〈시집가다〉 전문

이 시를 읽으면 마음이 짜안하다. '눈물 반 웃음 반'인 시인의 얼굴이 떠오른다. 초심은 늘 새색시가 되는 일이다. '비워진 마음 하나로/예쁘게 시집갑니다'라는 것은 구체적으로 '가계부에/포도송이 같은/바람을 적어 보려'는 야무진 꿈이다. 그래서 '지난날의 회한과 찌든 모습은/시작의 밭에 거름으로 주었고/희망이라는 단비도 내려준다면/시집가는 날 웃고 싶어요.'라고 고백한다. 얼마나 기쁘고 희망찬 일인가.

3. 생애의 귀환(歸還)으로서의 시

따지고 보면 삶은 아픔이고 상처이다. 나라는 아픔과 상처는 세상의 아픔과 상처를 만든다. 그렇다면 나라는 물집이 세상의 물집이고, 나라는 풍파가 세상의 풍파이다. 내가 나를 긁어서 내는 마음의 부스럼, 그 짓무름을 다스릴 때, 세상의 온갖 아픔과 상처도 다스릴 수 있다. 그것이 희망 아닌가. 설령 절망에 이르더라도 희망을 품을 때는 환희를 경험한다. 그래서 시인은 말한다. '이제사 바래진 조각 천으로 색동저고리 만들고/낱말로 매듭 엮어 고름하고/버선발로 시집 문턱을 넘고' 웃으며 간다고!

나는 김양선이란 한 인간의 시를 통해 그 생애가 가졌던 가장 곤혹스런 순간을 살필 수 있으리라 생각하였다. 그 곤혹스런 순간은 언어로 응결되었으니, 그 언어는 바로 시인의 번뇌와 미망과 상처와 아픔이 머문 '집'이리라. 시인은 그 '집'에서 몸을 누이고 발을 뻗고 눈을 뜨고 창문을 열고 하늘을 보며 길을 나선다. 다시 날이 저물면 그 집으로 돌아온다. 생애의 귀환은 오직 언어 속에서 이루어진다. 하여, 김양선이라는 한 생애의 귀환(歸還)을 시를 통해서 바라볼 수 있다.

시인의 고향은 시이다. 그 사람만이 갖는 언어이다. 언어는 바로 그 사람이 바라보는 세계이다. 그 세계는 풍경이고, 정서이고, 순정이고, 설레임이고, 따스함이고 위안이다. 마치 시인 횔덜린이 그의 시 '고향(Die Heimat)'에서 읊었듯이 말이다. 「사공은 먼 곳 섬에서 수확의 즐거움을 안고/잔잔한 강가로 귀향하는데,/나도 정말 고향 찾아가고 싶구나./하지만 내 수확은 고뇌 말고 또 무엇이 있는가?//나를 키워 준 그대들, 사랑스러운 강변들이여!/그대들이 사랑의 괴로움을 달래 주려나? 아! 그대들,/내 어린 시절의 숲들이여, 내 돌아가면/그 옛 날의 평온을 다시 내게 주려나.」

이렇듯 시에는 한 인간이 삶의 진정한 고향을 찾 듯, 어머니가 계신 친정을 찾듯, 백익무해(百益無 害)한 치유력이 들어있다.

왜 고향이 필요한가. 모성의 치유력이 있기 때문이 다. 파란만장, 상처투성이의 마음을 고향은 무조건 껴안아 주기 때문이다. 초심은 내 생애의 고향이다. 고향을 그리워하는 것은 우리들의 마음이 너무 변덕 스럽기에 갈피를 못 잡기 때문이다. 더구나 사랑하 면 그리움이 생기고, 원한과 증오심도 생긴다. 한 마음이 여럿이 된다. 물론 바로 그 번뇌와 미망에서 깨달음도 시작되는 법이다.

사람을 떠나보냈으면 그리워하지 말아야 하는데, 보냈으면 그만인데, 그게 맘대로 되지 않는다. '삐 지기도/토라지기도/돌아눕기도' 하는 것이 사랑이 다. 결국 사랑도 떠난다. 그럴 때 시인이 말하듯 '처 음 다짐한 나만의 약속'으로 돌아가 '설렘의 감동' 그 따스함으로 견뎌 가야만 한다.

사랑은 가끔
삐지기도
토라지기도
돌아눕기도…
그때 나는
깊숙이 접어 고이 간직한
첫 마음 끄집어냅니다
보석함보다 더 소중한
크지도 않으나
처음 다짐한 나만의 약속입니다
설렘의 감동이 아직도 따뜻합니다
나는 영원히 사랑할 것입니다
내 사랑의 시작이며 끝 사랑입니다
숨겨둡니다
가끔 빛바랠 때
끄집어낼 때
더 깊이 성숙한
누구의 것도 아닌
오로지 나만의 보석함

– 〈약속〉 전문

인간의 감정은 복잡하다. 실타래처럼 얽히고설키고. 젠장, 알다가도 모를 일. 펄펄 끓어 넘치는가 싶더니 어느새 싸―아, 식어버리고 만다. 늘 곁에 있어줬으면 하고 보채다가도 쉬이 사랑의 마음은 떠나버리는 법이다.

인간의 내면, 그곳은 겉으론 조용하나 자세히 들여다 보면 난장판 아닌가. 이래나 저래나 끊임없이 '하고 싶음'(=欲)이 고개를 쳐들고, 다시 사그러들곤 한다. 이런 복잡한 감정이 바로 칠정(七情)이다. 사랑의 그리움, 아픔은 천 번 만 번, 처얼썩 처얼썩, 홀로 높고 외롭고 쓸쓸히 파도치는 법이다. 그럴 때 시인은 '깊숙이 접어 고이 간직한/첫 마음 끄집어냅니다'라고 강인한 초심으로 돌아가고자 한다. 여기서 '기다림'의 지혜를 생각한다. 하지만 기다림에는 고통이 수반한다.

그대가 뒷등 돌린 채
굽은 골목길
어깨자락
마지막 본 후
나는 기다림의 지지한 시간과

끙끙거린다
(중략)
나의 인내심은 바닥나고
슬…슬
짜증의 발심이 움틀거리네

                      – 〈기다림〉 일부

 희로애락은, 그 끝난 지점에서 다시 시작하는 법이
다. 우리는 늘 애정이 꽃피던 시절 – 지나간 시간
을 그리워한다. 사랑은 무언가를 감추면서 다시 벗
기고, 다시 벗기면서 감추어버린다. 그 아슬아슬한
사이에 칠정이 뛰놀고 있다. 그것은 기억과 희망 사
이에 쌓는 모래성과 같다. 우리는 그 성 위에 서서,
등대처럼, 또 다시 무엇이 올 것처럼 기다린다.
 그런 기대와 욕망은 육신을 상처 입힌다. 궁극적으
로 입은 상처는 '태어났다'는 사실이다. '무생(無生)'
이면 무사(無死)이고 무멸(無滅) 아니었을까. 우리
에게 남는 것은 결국 삶이란 '상처'이다.

나 태어날 때 엄마의 양수 보자기 쓰고 나왔네.
내 몸 가리개로 탄생 때 감싸주던…

그 이후 내 몸은

끝없는 욕망의 보로써 혹사당했었지

내 눈으로 볼 수 있는 건

내 몸 반쪽뿐인데…

발바닥조차 겨우 보는 내 육신에

빼앗긴 시간은 얼마인가?

남은 건 긁힌 상처뿐…

– 〈보시〉 일부

상처일수록 상처를 지워가는 힘이 필요한데 그것이 바로 사랑이다. 사랑은 희망을 잃지 않는 연습이지만 그만큼 아픔을 수반한다. 눈이 머물고, 귀가 기우는 곳까지 다 껴안고 싶은 마음이 바로 사랑이 자라고 크고 활동하는 고향이다. 그곳에 집을 짓고 뿌리를 내리고 있는 것이다. 살아있는 한 사라지거나 잃어버릴 수 없는 것이다. 시인은 이것을 잘 안다. 그래서 시인은 '기다림'과 '용서'를 택한다. 용서는 받아들임이고 관용이다. 있는 대로 놓아줌이고 풀어 줌이다.

무게도 없는 것이

형태도 없는 것이
무거운 척 산더미 같은 척
내려놓기가 그리 힘듭니까?
끄집어내기조차 한 것입니까?
그 하찮은 것은
오기심과 아집이 낳은 부산물입니다

- 〈용서〉 일부

 시는 나의 마음의 파도를 그려 낸 또 하나의 세계이
다. 시인이 바깥을 만나서 만들어가는 그림이고 풍
경이다. 그러나 내가 만난 바깥의 인연이 없으면 아
무 것도 없다.

 그래서 각오가 필요하다. 인연은 상처일 수도 영
광일 수도 있다. 인연은 늘 시작이지만 다시 끝이
고, 끝이지만 다시 시작이다. 무시무종으로 연결되
고 의존되어 있다. 독립적 실체란 가상이고 착시이
고 착각일 뿐이다. 그것을 응시하는 한 지혜를 얻고
미망을 벗어나 평온을 얻는다. 거기에 눈 감게 되면
무명(無明)의 바람결에 흔들려 이리 뒤척 저리 뒤척
고통을 겪어야만 한다. 파란만장, 풍파의 현실에 끄
달리며 한순간도 우리에겐 평온이 없다. 찰라생찰

라멸 – 생멸을 거듭한다. 무생과 무멸의 길이 있으면 좋겠으나, 현실은 그렇지 않다. 번뇌와 미망 속에서 부침한다.

씨앗도 없고
꽃피고 짐도 없이
바다 위를 떠도는 물보라같이
피었다 떠나가네
바람 따라 구르다
흩어지니

　　　　　　　　　　　　　　– 〈구름〉 일부

　그러나 따지고 보면 상처의 자리, 번뇌와 미망의 자리가 바로 깨달음의 자리 아닌가. 그 자리에서 우리는 '전환점'을 찾아야 한다. 거기서 일어서고, 거기서 눈뜰 수밖에 없다.

상처로 찢긴 가슴 날갯죽지마저도.
되돌아갈 수 없는 낭떠러지 끝
그대 빨리 일어서세요
당신의 그 끝은

고통의 종지부를 찍고
새로운 시작의 전환점입니다

– 〈또 하나의 인연〉 일부

시인은 정확히 바라보고 있다. 태양이 석양 속에
자신의 마지막을 불태우듯이, 그 붉은 절규로 우리
에게 '지금 이 순간'을 챙기라고 알리고 있음을. 그
래서 고백한다. '태양이 고별인사를 할 때/왜 붉게
뿜을까?/…/절규하듯/우리들에게 순간의 소중함
을/깨우쳐 주고 싶은데' (–〈지금〉 일부)라고.

4. '돌부처'를 만나러 가는 여정

시인의 마음은 평범하고, 따뜻하다. 그가 긴 마음
의 여행을 시로 떠난 것은 깨달음을 위한 마음의 출
가이다. 출가는 가출이 아니다. 무작정 집 떠남이
아니라 '자신을 찾아 떠나는' 이념적 여정이다.

지금 나
떠나지 않으면
후회할 것 같아

배낭에 주섬주섬 옷가지 챙겨
집 떠나니
높고 맑은 하늘 모두가 신비롭네
몇 날이 지나고 보니
흰 구름 서산으로 사라지고
새들도 어지럽게 날아 멀리멀리 가버리고
겨울 가지에 걸린 달은
해 지기 전에 벌써 걸렸네

-〈긴 여행〉일부

 길을 가다 보면 '벌써' 석굴암이고 보리암이다. 벌
써라기 보다는 '이미'일 것이다.

가을은
여기까지 왔네
굽은 길 가파라도
담벽에 매달려 안간힘 쓰는 손바닥
가을은 손가락 가락마다 색을 주었네
가을색이 어찌 맑은지
한 잎마다 어찌 다른지
세어 보느라, 무슨 색인지 중얼거리다

벌써
석굴암

- 〈석굴암〉 전문

올라갈 때 雲舞 보고
내려갈 때 초승달이라
바닷가 밤은 왜 그리 새까만지
초승달 길 밝혀도 가슴 콩닥
보리암 운무 자락이 내 허리 감더니
걷지도 않았는데
어느새 버스 정류장
낮에 바닷가 꿈쩍 않더니
산행 길잡이 되어 또 찾아오라 하네

- 〈보리암〉 전문

　누군가 '진리는 새롭지 않고, 오류만이 새롭다'
고 했듯, 우리는 평범과 일상 속에 들어 있는 새로
운 지평 즉 오류를 붙드는 기법을 익혀야 한다. 끝
내 닿고 보면 바로 내가 발 딛고 있는 이곳이 정토
(淨土)이고 극락이다. 걸어도 걸어도 그 자리, 가
도 가도 떠난 자리'(行行到處, 至至發處)이다. 삶

은 원환, 뫼비우스의 띠 같은 존재임을 알게 된다.
'무'(=0, 空) 그 한 글자 속에서 시인은 빙빙 맴돌고
있다. 시인이 '찾으려니 없었다/가지려니 없었다/얻
으려니 없었다/보려니 없었다'고 하는 고백은 세계
의 진실을 말하는 것이다. 어쩌랴. 모두 인연화합물
이기에 실체가 없다. 무아이다. 그러나 세속에는 가
상적으로 모든 것이 눈앞에 드러나 있지 않은가. 그
러니 그것은 가짜이면서 진짜이고, 진짜이면서 가
짜이다.

찾으려니 없었다
가지려니 없었다
얻으려니 없었다
보려니 없었다

그러나 찾는 것도 있었었고
가지려는 것도 가졌었고
보려는 것도 본 적 있었다
아님도 있었음이었고
있음도 아니었으니
있고 없고는 다르지 않는 듯!

세상 만물은 인연으로 잠시 화합하였다가
시간이 지남에 흩어져 버리리니
생성과 소멸은 처음부터 없었고
영원하지 않더라
본시 없음에서 시작하지 않았던가?

— 〈無〉 전문

　보르헤스는 '달 혹은 달이란 말은 많으면서 하나인, 우리의 존재'라고 말한 바 있다. 그렇다. 우리는 늘 무언가를 찾아 나선다. 그러나 그토록 고달프게 찾아 헤맨 것이 결국 나 자신, 나의 본래면목임을 안다. 수많은 과정을 겪으며 수많은 달을 만나지만, 결국 저 하늘에 떠 있는 하나의 달에 마주한다. 바로 내가 찾는 것이 '나'임을 안다. 그것을 저 수많은 바깥을 통해 어렵게 확인해 낸 나였다.

　바로 내가 서 있는 이 자리, 나의 내면에 달은 떠 있다. 달은 나이고, 나는 달이다. 아니, 나는 부처이고 부처는 나이다. 흐드러지게 밟고 디딘 돌들이 모두 부처였고, 숨쉬고 말하는 내가 바로 부처임을 비로소 알게 된다. 수많은 돌들이 부처로 눈뜨는 그

빛나고 아름다운 세계를 김양선 시인은 찾아내고 말았다. 이제 시인은 금동불상이 아닌 돌부처의 환한 미소와 하나 되는 길에 서고자 한다.

님의 미소는
돌아져 누워 있는 어둠 속에서도 피어오릅니다
돋아나는 그 자태
야생화 같아
어찌 그리 고결한지요
눈이 부셔 차마 볼 수 없구려!
도대체 어디에서 나를 쳐다보고 계신지요
눈이 부셔 너무 눈이 부셔

내가 사는 이유는
당신의 그 이름 때문입니다

– 〈돌부처〉 전문

시를 쓴다는 것은 수행자가 되는 일이다. 일상에 만족하지 못하고 다시 그 너머로, 그 너머로 걸어든다. 피안에 이르고 싶은(到彼岸) 것이다. 이처럼 길을 잃고 방황하는 우리는 마치 트로이 전쟁을 승리로 이끌고도 자신의 그리운 고향으로 돌아가지 못하고 긴 유랑을 거듭한 오디세우스처럼 길 위에서 번민한다. 그럴수록 시인의 사유는 번득이고 살아있다. 그럴 때 시심과 시어가 살아난다. 언어가 수사에만 떨어지지 않는다.

 김양선 시인의 미덕은 삶이 살아있고 그 삶이 언어적 수식을 아낀다. 이처럼 아끼고 아껴둔 시어를 더 고르고 다듬게 되면 시의 수미산 그 정상까지 오르는 일도 어렵지 않을 것이다. 간절하면 돌도 부처가 된다. 이름 없는 새소리, 물소리가 어마어마한 우주임에 눈뜨면 된다. 허접한, 평범한 일상세계의 언어들을 깨달음의 시로 늘 일깨워 주기를 바란다.(*)

시집가다

1판 1쇄 발행   2015년 11월 29일

지은이   김양선

펴낸곳   도서출판 도반
펴낸이   이상미
기획   재 천
그림   소 석
시평   최재목
편집   김광호, 이시현
대표전화   031-465-1285
이메일   doban0327@naver.com
주소   경기도 안양시 만안구 안양로 332번길 32

ISBN   978-89-97270-21-7
책값은 뒤표지에 있습니다.

인터넷에서 도서출판 도반을 검색하시면 출판사 카페가 있습니다.
http://cafe.naver.com/mydoban